JN439241

꽃잎 호텔

국립중앙도서관 출판시도서목록(CIP)

꽃잎 호텔 : 남주희 시집 / 지은이: 남주희. -- 대전 : 지혜 : 애지, 2013
p. ; cm. -- (지혜사랑 ; 097)

충청북도문화예술진흥기금 일부를 지원받아 발간함
ISBN 978-89-97386-78-9 03810 : ₩8000

한국 현대시[韓國 現代詩]

811.7-KDC5
895.715-DDC21 CIP2013027660

지혜사랑 097

꽃잎 호텔

남주희

지혜

시인의 말

애인을 하늘처럼 믿었던 아버지
바보 아버지의 애인은 '내 새끼'였다
평생을 속인 애인이 곧 거덜날 詩의 세간살이를
또 마련했다
집세를 손 벌리려 눈 큰 구실을 우물거리다
놀라 이내 뱉었다

저만치 물러가는 저녁을 불러오는 시간
죽은 애인의 아버지가 생각난다
간. 절. 하. 다.

2013년 12월
새끼, 남주희

차례

2부

3부

4부

• 일러두기
한 연이 첫 번째 행에서 시작될 때는 > 로 표시합니다.

1부

5분의 구애

헐렁한 자유 한 칸을 얻고 싶다
그가 보지 않는 틈을 타
시계바늘을 거꾸로 돌려놓고 싶다

매일 밤 따뜻한 안식을 준비해놓고
소화불량을 걱정해야 하는 얘깃거리를
물어내고 싶다

해 질 녘 서쪽 하늘을 멍하니 바라보다가
통장 없이 은행 문을 밀다가
주걱턱 TV 탤런트의 치마길이를 생각하다가
자동차 브레이크를 풀지 않고 페달을 밟다가
스킨로션 대신 관절 연고를 얼굴에 두드리면
5분에 매번 점령당하고
혼쭐이 난다
어느새 깃발은 내려지고
추격을 시도하다 덜미를 잡힌다

어리바리
자주 우왕좌왕한 죗값의 사직서를 들고
행인의 구두굽을 관찰하는 사이
몸을 관통하는 붉은 입술의 향을

또 낚아챈다

정량의 허기만 배분 받은 것뿐인데도
다시 그의 그늘이 되려 온몸을 꿇으면
사육되지 못한 시간의 울음소리
듣지 못했다 한다

하지

오늘 한 일은
내 시詩에 토씨 하나 고친 것이 전부

다만 간간이 들러준 바람결에
추리닝 아랫도리가 빨리 말랐으면 하는 생각
아파트 옆 공사장 망치 소리에
작게 피아노 건반이라도 두들겨야겠다는 생각
냉장고 안 우뭇가사리 얼음 콩국이 다 떨어졌다는 생각
연봉 30억 금융회장 집에 일지매 도둑들이 설쳤으면 하는 생각
하긴 했었다
시를 꿰매고
가렵고 불투명한 지구상의 편협에 대해
40도로 달아오른 아스팔트처럼 흥분하다가
여름 화상을 견뎌내며 천치같이
엎드린, 산 뻐꾸기처럼 울고 있을 엄마를 마중한 일도
있긴 있었다

거칠게 잊어야 할 일들이 무장 쌓이는
근심의 무게를 내려놓으니 더위 한 주먹에 또 울컥!

소리

바다를 마련했다고 사내는 말한다 배는 홀쭉해지고 궁기가 드는 날 바다 몇 평에 울타리를 치고 고랑을 내어 소라 몇 포기 심겠다고 말했다 소라 등에 싹이 나고 푸른 넝쿨이 드리워지면 자주 들려오는 환청으로 귀가 뚱뚱해졌다 소리가 올지도 모른다고 밤새 기울다 목선 후미 쪽이 닳아 꼼짝할 수 없다 바위틈에 숨어 파도를 부축해 이엉을 얹고 밤마다 물고기를 살찌우는 꿈을 꾸는 날 진로소주를 든 브래지어 큰 여인을 얼싸안았다 말뚝을 걷어내고 불어난 구레나룻을 손질하며 경작해 온 바다를 수확하는 날 나는 바람의 온도를 재며 누군가를 기다린다

들리지 않는 소리 끝내 듣는 지금, 문자 속으로 가만히 지워지는 소리 출발하는 것은 아무것도 없다는 전갈이 왔다 늦게까지 창을 열어둔 파도의 울음, 울었다

봄날은 간다

가만히 보니 저놈이 오금이 저린지 가랑이 바짝 모으고 엉거주춤한다 허리춤이 내려앉은 걸 보니 누수 신고를 해야 할 것 같다 일 치른 것 같다 간밤 벚꽃 몸속을 이 잡듯 뒤지더니 헛발질에 한숨 한주먹 흘린다 종종 암뻐꾸기에게 윙크하며 촉 틔울 궁리를 계획하다 들킨다 찔끔 놓치는 체면을 노을처럼 붉힌다

봉긋한 것은 모두가 젖무덤 같다는, 산등성이까지 올라온 사랑하는 영자씨도 뒤통수에 비듬만 잔뜩이다 헤벌쩍 웃는, 웃는 소리에 맥주 지린내가 들린다 계절을 앞질러 핀 꽃다지를 노다지라 속인, 외투 깃 안에서 맥심 커피의 CF처럼 향기만 남는다는 앵두년, 부처 면전에 젖무덤 디밀어 손금 봐 달라는 불두화년, 질기게 달라붙던 노랑머리 붉은 머리 이름 모를 꽃대궁 밑줄 좍— 그어 끝물 명단에 앉는다

산을 타고 내려오는 한숨 밭고랑 넘치겠다 조만간 머리빗은 폐가로 보따리 옮겨 물오른 뽕짝 트란지스타 져다 올려야겠다

아듀—2010년 봄 갱년기 대 처분

그림자의 환승

도시는
직선의 그림자를 끌며
멀미를 일으킨다
발등을 밟으며 혹은 엎혀
어제 기운 해의 길이를 두리번거린다

대머리 사내, 중얼중얼 경전을 씹으며
지하철 1호선 밖으로 머리를 쏘아 올린다
빛을 타전하는 속도가 느려
그림자의 먹이로 빨려 들어간다
해의 토사물을 받아 적느라 키를 세우는
빌딩 옆에서
몸을 틀어 노출을 꿈꾸지만
틈새마다 무장 배치된 그림자에 금방
덜미를 잡힌다

종일 해를 만난 적 없는
마른 풀들
그늘의 폭력에 가볍게 체념한다
불안을 지우는 창밖 목련
햇살의 강도에 눈알 굴리지만
날 선 것에 각을 낮추며

완행으로 항거하고 있다

반월의 그늘에 선 몸의 중심이 기우뚱거리고
길은 툭하면 지워져 잘 보이지 않는다
캄캄한 뿌리의 그늘

환승을 걱정해야 하는 늦은 시간

딱딱한 외투

몇 그램의 낮은 소리로는
불량한 유서를 쓸 필요는 없다
나는 지금 부드럽게 다듬이질 한 큰 관으로
바람의 주문을 받고 있으니
지상에서 가장 가벼운 새털의 집에서
정적을 익히는 꿈, 꾼다
서로의 마디를 기다려주며
속살 층을 끝내 들키지 않는

몸을 견디는 버릇, 버릇이 있으니

글을 채취하고
실핏줄의 이력을 고백하면
고단한 말의 등받이가 되는 것
불통의 언 살에 신음소리를 녹취해
몸 뉘일 처마를 걱정하는 유목민의
행방을 짚어주는

딱딱한 껍질을 향해 정중히
모자를 벗으면
탕, 탕, 맑은 음이 한 가득이다
천형을 견디며 울어버린 마그마의 기억

훗날 당도할 몸의 문신에
약조한 손자국 하나 입히는 일
말랑말랑한 기억을 망치질해
슬픔을 잘 타는 악공이 되는

간절하지 않은 내 격문의 외투에
발정난 음계를 빼곡히 등재하는

늦은 이유

다음은 영선 시장입니다
해와 말을 거는 사이 안내 방송을 듣지 못했다 스쳐 지나는 것은 저장성이 없어 보청기를 꼈다 벗었다 하는 사이 두 정거장을 보냈다 분사기처럼 퍼지는 빛의 식욕을 감상하느라 저녁 찬거리를 또 놓쳤다
유성건설이 확확거리며 해를 삼키고 있다 서울은행 앞 착한 청년 해를 비틀어 바짓가랑이에 구겨 넣더니 다시 포켓에 찔러 넣는다 잠시 해 앞에 포즈를 취해준다 마치 카메라 앞에서 오늘 일당을 다 써버렸습니다,라고 대꾸하는 듯 후렛쉬가 찔끔 빛을 흘린다

붉고 무서운 불가마의 고집만큼 오늘 해는 공격적인 사랑을 주도한다 오기로 혹은 체념으로 이별을 공격한다 승객들 붉게 가담한다
오늘은 왠지 삼류소설처럼 뜨겁게 슬퍼지는 밥 분쇄해서 먹고 싶다 유리 벽에 부딪치는, 화끈하게 들이키는 스캔들로 만삭의 저녁상을 차리고 싶다 어둠을 헐고 따돌림 당하는 패잔병의 몰골로도 충분한.
강렬한 것에 몸을 꺾인 꽃들의 장례가 차창 밖으로 스친다
이별식은 곧 돌아온다는 언약이라 짧다
어둠과 결탁한 시간이 혼혈아처럼 서 있다 부드러운 경經, 관람한다

첫사랑 대폿집

나무집을 부둥키고 있는 그는
자주 어두워지며 목청이 헌다

폐차장이 꾀죄죄한 배꼽을 내밀고
고물처럼 처박힌
고물이 하늘 반쪽을 들고 서 있다 121번 버스가
뿌연 먼지를 털며 걸음을 두고 가면
불량기 없는 얼굴들 실없이 기웃댄다
첫사랑이란 뜬금없이 휘어지다 흩어지는
멋쩍게 빈 술잔만 세고 있는 것, 아는 듯
삐걱대는 탁자를 괴고 침묵 몇 사발 들어앉는다

구름 집을 짓자던 언약
삐라처럼 뿌려지고
움막처럼 초라해진, 사랑을 두들겨 댄
푸른 건반은 대체 어디로 갔을까 좁은 길 훑으며
딱딱해진 힘줄 풀어놓으면
물사마귀 아낙 하품에 기대며
낮은음자리부터 익혀야 생을
노릇 구울 수 있다고
낮술처럼 벌겋다

>

쭈그러진 양은 주전자가 벽에 걸려
대폿집 벽화를 책임진다
그 아래
해를 끌어내린 초저녁 푸념들이
군살처럼 찌고
눈썹이 새카만 사랑 통성명도 없이
나무처럼 말라가는
기억을 받치는 술잔들이 삐딱하게 모여
다 닳은 지문 귀퉁이만
애써 붙들고 있는

봄, 와불

아직은 꽃이라고
무성한 소문 사타구니에 끼우고
간간이 흘리는 염화시중
그 꽃을 취했느냐고
주둥이 붉은 새 휘청 말 걸어온다

당신을 채집할 시간이 이르다고
철 이른 거짓말이라고
온종일 까불대던 바람
속세의 티끌 흥정하다 몸져 누운 부처
산자락 새소리에 간당대는 발가락 품새는
물찬 꽃제비 같다
충혈된 저 눈빛 보아
느릿한 봄 달팽이 앞질러
벌써 강남 몇 바퀴 돌고 온 모양이다

벽의 말

물 속에도 벽이 있을까
송사리 몇 마리
벽을 허물고 있다

물의 말은 늘 해독이 느리다
허공 속으로 흩어지는 욕망,
을 건너는 순간이다

치매를 앓으시는 어머니
벽 보고 왼 종일 중얼중얼
받침 없는 언어 부스러기로
기억을 허물어 물 속을 유영한다
자맥질한 얘기들을 봄꽃처럼 풀어내며
물 속 백리길에 두고 온
산호초를 건진 날이면
해묵은 기침소리 투둑 떨어지고
생 내내 옆구리를 찔러댄 석회질 종양에게
미안하다는 창백한 말 건넨다
너에게 세들어 사는 동안 지친 꽃들의
쑤군댐 외면하며
허공으로 피어오른 말의 거적, 들어 올린다

>

말 사이 칸칸 짜여있는
속 깊이 방사된 언어
다시 벽에 붙어서서 말을 뜯어내려 하는
나를 탕진한 물의 속도에
오래 재배된 퇴적물을
기웃, 부화시키려 한다

어림없는
꽃 지는 봄밤이다

잠깐을 노획하다

수돗물이 받히는 동안, 잠깐

그림자의 맨살에 앉은
자전거 바퀴 보인다 몸을 풀고
상한 꽃의 어깨를 받아들이고 있다
땅바닥을 훑는 꽃의 치매
별이 뜨는 시간엔 진지하다

중앙선의 경계가 맨발로
속도를 늦추고
어둠에 감염된 북쪽 창 가까이
환자처럼 늙어버린 나무
아직 따뜻한 이마 편을 들고 있다
성곽처럼 둘러쳐진 아파트의 배경
담벼락 속에 중독되길 원한다
해체되는 것은 무기력하다는
,것
매일이 낯설다는
,것 새로운 말 아니다

멈칫멈칫 갓길 주차를 시도하는 자동차의 불안
끌고 온 나뭇가지에서 발부된 어둠의 경고장에

팔딱 뛰는 하이힐의 불규칙한 음
경청한다

등을 돌려 곁눈질하는 꽃의 근친상간
빗금 그이진 사각지대 밖으로 비켜나
서로를 긁으며 허락되는 전면전이다

세숫대야 가득
꽃잎 담겨 넘치는
서로의 중력은 모르는 듯
철, 철, 철

어두워지는 안부

날마다 뜯어내는 언어가 조금씩 가벼워지고 있다
바다 지느러미가 길을 지우고 섬을 끌고 나온 밀물이 부리를 다쳐 불안한 시간
바람이 어디쯤 헐레벌떡 오는지 그해 여왕벌은 다녀갔는지
명아주 풀 위로 북회귀선을 넘은 구름은 어디에 잠복해 있는지
내 꿈을 개어놓은 장롱의 길이를 모르는
아귀가 뒤틀린 얘깃거리가 댕강댕강 잘리며 아득하게 어두워지는
아? 또? 뭐더라?를 문자 칸에서 지우는

부화되지 않은 알들이 어슬렁거리며 스위치를 끄고 바람 속을 배회한 늦은 귀가가 태연하게 저녁을 지피는 시간
지구 반대편 붉은 맨드라미가 화장을 지웠다는 얘기에 음표를 전송하고
보일 듯 말 듯 자음과 모음의 국경에 방 한 칸 만드는 일 그곳에 기억을 누르고 날개를 접어 봉인하면 햇살 앞날에 근심을 지울 수 있을까
이제 막 푸른 촉수를 틔운 어느 날의 성장통을 해체하며
엊저녁 몇 잔 술이 우수 경칩이 지나도록 깨어나지 않아 돋보기가 두리번거리는
퇴적물처럼 쌓인 가을 안부를 끝내 물어보지 못하는

2부

북어

작년 이맘 때

당신 뼈째 흥정하다 문밖에서 한철 기다렸어요 자정 으스러지도록 껴안은 첫사랑 귓불이 발개지기도 전에 덜컥 파도 밖으로 묶였지요 이제 시들해져 홀딱 벗은 내 알몸 품삯처럼 구걸하는 일 바다 한 칸 꽃피워 당신처럼 우는 일 남았네요

기미깨나 올린 한철 근심에게 방금 취입한 노래를 불러 드릴게요 굵은 가시가 박혀있어 목청에 잠행하면 고음 처리가 안 돼요 대신 말랑말랑한 향기를 쟁이기로 했어요. 내 누드 냄새를 가져가세요 젖은 손 담아둘 약속, 바스락거리는 몸 얼른 탁본하세요 암팡지게 못 컸다고 쑤군대도 동해로 워킹한 이수가 천 리 길 열 번입니다요 지느러미 등쌀에 못 이겨 햇살 깎아 꾸덕꾸덕 마른 나 꼼짝 못하게 붓질해주세요 부르면 벌떡 일어나 다시 태몽을 건질, 젖몸살로 바다 창을 두드릴, 폭풍처럼 울어버릴 착한 물살 칸칸 넣어주세요

내 기억 속에 묻어온 마른 살
그것만으로는 성에 차지 않아요
언제 광한루 사거리 신호등처럼
깜빡이다가 하얀 지팡이 더듬거려
다시 바다로 가는 길 물어올게요

여름날의 고백

떠버리 상담사 입맛에 끌려
서울행 기차에 몸을 얹었다
귀인이 북쪽에 있으니 성사될 일
있다는 오늘의 운세를 보고
목에 힘을 가했다

지루한 설명에 하품 몇 번 한 것이 전부인데
내 소갈머리가 약간 비정상이라고
알아차린 때는
지폐 스무 장이 황당하게 건너간 후였다

돌아오는 기차 안 유리창을 긁고 지나가는 한가한 구름 다발에
침을 뱉으며
빈 손바닥에 아프도록 가위표를 그어댔다

해 긴—날
국수 한 그릇 돈이 아까워 등 끌고 온 오후
찬물에 보리밥 마는 아버지 생각, 스쳤다
헐값 식욕을 만지작거리다 우두커니 예수가 되었을
소태같은 입에 맹물만 들이켰을

힘없는 눈줄기로 두리번거리던 완벽한 틈새, 사이로

궁기가 장마처럼 젖던 날
새처럼 말라간 등으로 허공이 되어버린 아버지
2,000원 짜리 막국수 한 그릇이면
마른 목 잠시 적시기엔 더 없는 호사였을텐데
아버지가 건너낸 고약한 여름에게 미안했다
미안하단 말부터 먼저 건넸다

그해 여름
야윈 등뼈를 실은
바람 냄새에 환자처럼
어질어질했다

돌아가야 하나

길을 내주지 않고 있다

입술 떨고 있는 돌계단 따라
화마에 감전된 굴피나무
아직 시력을 회복하지 못한다

길은 주춤주춤 자꾸 늦어지고
사이로
탑의 꽁무니가 어슴프레 열린다
길을 받쳐 들고
나선형으로 허리 휘며
헉헉 마른숨 고르기도 전에
탑은 이태 전에 사람들 틈새로 옮겨 갔다는 소문
아직 북쪽, 부처의 온기 남아 있어
저녁 종소리 멀리 가지는 못했다

돌아가야 하나

대각선을 마주한 능선 위 포개진 그림자
발목 채우며 문단속을 염려하는
서늘한 이유
화해의 무덤은 아직 없다

적도에서 공수된 여름 독설로
하얗게 바래진 길
딱정벌레 몇 마리
잘 삭은 짐승의 먹이를 줍고 있다
속 말을 건너 뛴 침묵을 동반하고
한 생, 염려하며 쳇기를 다스리는 지금

난데없이 상수리나무 잎 지독하게 흔들립니다

반야 바라밀!

꽃잎 호텔

봄 일당
꽃잎 호텔을 급습했다

산수유 노란 브래지어가 터질 것 같다고
외눈으로 째려보는 개나리 아직 마수걸이도 못 했다고
나, 문밖 출입 제어 당한 숫처녀라고
손만 대면 버찌가 와르르 쏟아진다는

노회한 눈알 굴리는 늙은 나무
오줌소태 치료 중이라며 약골 아랫도리를
끌어올리는
누우떼처럼 지나가는 어둠이 증명한다
물침대 위 첫 경험 같은 벚꽃이 여인처럼
누웠는데도 다만 얼룩만 조금 베어 문 것
뿐이라고

시간을 탕진한
주당의 낯빛이 일그러질쯤
오늘 저녁 유숙할 근심의 거처를 궁금해하면
사타구니 흑점이 빤히 보이는 정오의
감정을 요리한 꽃잎
호텔 밖 삼엄한 경계를 엿본다

선녀와 나무꾼을 내 보낸 뒤
봄 포승줄에 기어이 묶이려는 수작
일지도 모르는

무단 침입한 한량과의 동거도 곧 끝날 것이라는
꽃잎 불량아의 뾰로통한 입술
군침 흘리는 환한 대낮에게
긴급속보를 타전하고

색의 사서함
— 강 선생 화실에서

캔버스에 펼쳐진
붓의 말
휘둘리어 감전된 색으로 어둠을 입히면

아— 안된다
다가앉아 앉은뱅이 꽃이 되면
불안한 날이 멈칫, 토르소 같은 색의 완강함에 초대된다

우라노스 신神의 피 묻은 고추색 같은, 헤파이스토스의 불의 갈증을 조합하는, 버짐 핀 백지를 붉게 달구는 빛의 요령

검은색의 당당한 고요, 주변 시선에도 아랑곳하지 않고 보호받길 원한다 잘못 타이르면 장애아처럼 제멋대로지만 슬픈 꿈처럼 차분하다

명암 없는 구도를 발견하면 네 모서리가 떨리기 시작한다 낮은 바닥을 쓸어담는 빳빳한 갈필 낯선 정적에 길들지 않았다는, 담채의 주장이다

색의 향방을 옮길 때마다 두통거리인 농도. 움직이는 것은 깊이를 측량할 수 없기에 몸에 밴 색감 횅하니 비우고 백색 종이 말 따른다

따돌림당한 듯한 여백, 멍청한 여유, 그대로 따뜻하다 비움에 대한 보너스!

>

나무의 울음을 측량하고 매화 둥치에 쪼이는 역광을 포기하지 않는다

강 선생 화실에서 툭 터진 봄을 안내받아 해거름 창에 기대는 버릇, 따른다 성글게 흘러내린 구름의 뒤태를 받아드려 애절해한다

속 깊은 풍경소리에게 옷 한 벌 입혀야 하는, 팔레트에 모인 깨끗한 색 말에 귀를 연다

인사법

늦은 지하철 안
그의 졸음의 각 완고하다
때론 경배라는 것이 얼마나 비참한지
단단히 봉인된 생의 투전판쯤은 겁날 게 없다 하더니만

귀밑머리 푸른 얼굴빛
갑자기 여름 햇오이지로 쌀밥 한 그릇 먹이고 싶다
잡내 없는 순정한 알곡으로 지은

자주 90도로 세상을 훑는 일
품앗이하듯 꾸역꾸역 꾸려낸
노동의 뒤끝, 세워둔 채로 검게 말라가는 뼈의 주둥이 앞에
번쩍 무릎 꺾는 일
차가 어느 역에서 짐을 부리는지
악다구니 계단을 얼마만큼 밟고 올라가야
바람의 언 입술을 미루나무 쪽으로 옮길 수 있는지
알 바 아니지만
의족처럼 거치적거리는
제발, 그런 정중한 인사법은 이제 그만

가벼운 전언

코 앞엔 23층 오피스텔
뒷 마당엔 13층 모텔

나는 고사리처럼 웅크려
더는 자랄 수 없다
역으로 흘러들어오는 빛을 빨대에 꽂아 보지만
날개 뼈는 부품이 자라지 않아
날지 못한다
달짝지근한 설탕이 코팅된 팬텀하우스
수음이 흘린 뒷말로 배탈이 잦은
그 아래 그늘
동전을 달그락거리는 아버지
그물을 잇듯 뭔가를 깁고 있다
불안을, 침묵을, 허공을

직류로 연결된 어둠이
매일 밤 뻥튀기 희망과자를
무허가로 찍어내지만
파편처럼 튕겨 나간 언어
말이 없다
1004번 버스 종점까지 예수를 배우러 다니던 아버지
저녁 악보엔

목청 높은 음표로 쾌감을 생산하고
따뜻한 낱말을 갈아 끼우며
티라노사우루스 공룡처럼 쿵쿵거리는

일일 연속극처럼 기다리면
살레오* 노인이 고래를 기다리 듯 기다리면
낙타 등을 탄 그늘
삐라처럼 뿌려져
공중을 활보하는 곡예사 쯤……

*『노인과 바다』에 나오는 노인.

반구대 암각화*

청동을 두드리는 무쇠통의 남자를
대곡천 계곡에서 만난다
여즉 입 다물고 있는
빗살무늬 토기 안
달짝지근한 밀주는 철없이 익어가고
오늘밤 너럭바위를 둘러쓴
근육질이 도드라진 사내놈 어깨 위에
멧돼지 몇 마리 환하게 가벼워질 테지

무명의 아낙이 슬픈 눈으로
찢어진 고래의 지느러미를 꿰매면
어디선가 속울음이 자주 쓰러지곤 한다
사슴과 거북의 무늬가 시들해질 무렵
시간은 벽 속에 갇힌 고래 살을 풍화시키고
유속이 빠른 포구에
무명비처럼 서 있는 바람의 결
딱딱하다

딸각, 거푸집 스위치를 누르면
생의 출구가 닫힌 뼛속 화인이
갓 데워낸 이마처럼
뜨거워지고

돌집 서까래 아래 층층 세든
포경의 곡소리, 만개할 것 같은
하얀 무릎뼈가 천 년을
통과하고 있을 것 같은

* 울산 울주군 대곡천의 암각화.

소설

엄마의 옻칠장은 토닥이는 소리로 열고 닫힌다 검은 머리 빗질 끝나면 하얀 종아리를 걷어 올린 나무 아래 피리 분 기억을 올린다 혀가 짧은 보름달이 쫓아와 풋살구 갈피에 꽃을 심었다

꽃가루로 분칠한 나비경첩, 궤를 붙들고 나무 향에 취한 집착을 읽는다

오동나무를 건드린 사내놈의 발정으로 칩거에 들어간 그늘 옻칠 벗겨진 자국에 늑대울음 들린다며 붕어자물쇠를 채운다

목욕재계를 마치면 곧 오동 집이 되는 엄마

18세 아버지를 기다리는 내간체 종이가 꼼지락대면 늙은 엄마는 문득문득 자란다 옻칠장 나이테에 부적을 꿰매고 밤마다 결 맞춘 소원도 주문한다

나무로 걸어와 접붙인 세월이 까마득하다 칠이 벗겨지면 감춰놓은 달을 품어 아랫도리가 짧은 노랫말을 잇는다 적삼 속에 개어둔 유언이 그믐으로 몰릴 쯤 문틈 사이로 연록의 나무 냄새가 난다

기억의 새들 곁눈질하며 어둠을 수혈받아 옻장 속에 감춘다

덜컥! 목이 멘 주름 사이로 슬픔이 저장된다

하나씩 말라가는 글에 손톱자국을 내는 일

횡설수설

아버님 아세요? 오는 음력 8월 21일이 바로
당신 기일이라는 것
외동 며느리 30년 넘게 제사를 지내다 보니
슬슬 잔꾀가 생기네요
밋밋한 젯상 이제 넌더리가 나오니
이번 제사에는 싱싱한 가을 전어 회 무침과
까짓것, 얼큰한 조기 매운탕 화끈하게 준비 했습니다

괜찮으시다면
못잊어다방 김 마담 불러 앉히고
저랑 참 소주 한 잔으로 원샷!
발바닥 까매진 별 보고 다시 원샷!
개똥밭에 굴러도 이승이 낫다고요?
아이고 아버님
농담을, 진담처럼, 그리 근엄하게 하시면 어떡해요

패이고 나달나달해진 근심 여러 벌
이제 막 퇴주잔에 쑤셔 넣었는데요
서럽다 패대기 친
천둥벌거숭이 제 살림살이에
엄마가 고발한 수북한 벌금고지서
겨우 첫 장 뗐는데요.

성업 중

나비를 끌고
백화점 세일을 끌고
미더덕찜을 끌고
길의 뒤축을 끌고 나온 오후

길은 조금씩 굽어있다
굽은 것에는 향내가 꽂혀있다
조그맣고 가느다란 악기가 장전되어
콧노래가 가볍게 날조되어있다
가볍게 되기까지 생은 또 어떤 무늬로
붕대 자락을 감았을까

지도를 펴고
꽃의 장례를 경청하며 길거리를 조문한다
독기를 버리고 사라지는 무덤 앞에
십자가에 꽂힌 문장 몇 조각 끌고 와
참회한다

신화 속 4막 3장에 배치할 인물들이
길에 점령당하고 있다
강아지가 발찌를 걸고 무단횡단을 시도하고 있다
김정은이 피워대는 독설이 구라 8단이 되는

오후 2시
태극기를 단 중국집 단무지 길을 꺾는다
내 구두 축을 안내하는 길 지금 성황이다

친구의 휴대전화가 아직 울리지 않는다
그리스인 조르바 탐독을 덜 끝낸 모양이다
사내의 비만을 조용히 받아내고 있는 길
관찰 대상을 퍼트리는 주문은 쇄도 중

제복을 입은 경찰이 웃음을 웃는다
앗! 나는 지금 중앙선에게 경고장을 받고 있다
발목을 들고 길을 대기 시켜놓은 스커트
경적 콜 사인이 놀란다

바람의 텃세

바람의 심술은 5단
돌려차기로 배꽃 따귀를 갈기고

산바람에 두들겨 맞은 여린 가지
평사리 주유소에서 꽃잎 주유 받아
100릿길을 떠밀려간다

아직 못줄을 못 댄 우울한 무논
녹 빛이 서툴러 부활은 어렵겠다
건너 양철지붕 햇살을 주문하고
지하방들 깃 세우고 불현듯 움직이는 동선
올려다본다
아직 살갗을 태우기엔 이른 시간

한낮은 도수를 높여
공유할 면적을 두리번거린다
아무도 범접하지 못한 하늘
닫힌 문 열고 길 밖으로 튕겨 나오다
바람의 살에 문득 찔린다

나는 바람을 껴안은 여자
블루스를 출까요 아님 탱고를

당신의 부화는 아직 미숙하기에
촘촘한 그물망을 빠져나오면 자주 발이 시려요
용량을 초과한 포옹
부유하기 전 우리 다시 화농을 치료해요

매화 꽃 몇 점 지고 내려오는 바람
미안해요, 어깻 죽지가 뻐근하겠네요

신음소리

— 5층 치과에서

아— 하고 빛을 부르는 사이
하얀 핀셋이
형편없이 기운 사랑니를 뽑는다
기운다는 것은 다가간다는 말
몸져누우면서도 기우는 것이 없다면
모름지기 고백할 일이 사라질 것이다
부화되지 않은 울음 울고 있을
속엣 말 같은

아—
창 밖 버드나무에 다리를 얹어
가랑이 사이로 흩어지는 풍경에 눈독 들인다
나무 그림자가 봄 뒤꿈치를 물고 있어
나비의 행선지를 기록할 수 없다
어디쯤 밀물의 유속을 재는지
수중식물처럼 속내를 알 수 없다

아—아—
신음소리를 더 크게 내면
덜 자란 유치에 휘파람이 들이닥칠지도 몰라
햇살이 포장한 양철지붕을 열고
줄무늬 커튼을 걷어 올리면

햇 웃음 짓는 한 묶음의 아이들
탄생할지도 몰라

곧 달을 보내고
햇살 물린 입술이 아까찡끼*를 바르면
쑤군대던 언어, 튕겨나가 쉰 소리를 낼 것이다
내 피아노 소리 금세 둔탁해질 것이다

* 옥도정기.

3부

이상한 은행

올봄엔 시를 담보로 대출을
받아야겠다
우선 성질이 순한 농자금을 받아
뒤란 텃밭에 이자가 들어갈 구멍 숭숭한 흙구덩이를
파야겠다

붓꽃 진 자리에 모종을 붓고
시의 뒷덜미와 볼록한 아랫배를
적금처럼 부으며
잘 구겨지는, 불량품인 내 시를 시험 삼아
파종할 것이다
무참히 쓸려나간 약속을 잡아두고
원금의 이력을 칸칸이 채워
씀바귀 캔 자리마다 대출 내력을 묻어둬야겠다
해 종일 내 그리움을 기다린
가장 두려운 값으로
내년 봄엔 근사한 아지랑이를 데리고 대부계로 쫓아가
절반 정도는 갚을 것 같은

씨줄 날줄로 얽은 따뜻한 궁상들을 펴놓고
개구리밥처럼 떠 있는 햇살 무늬를 조율해
멧돼지 울음소리와 여름 소나기를 섞은

100세 연금 서넛 궤짝을 수확할 것이다

대출이자를 다그치면
착한 낙과부터 먼저 씻을 것이다, 뿐이랴
툭하면 바람과 놀아난 시의 무단외출을
고자질해야겠다
8월이 그녀 곁으로 지나갔다는 에즈라 파운드*의 옆 얼굴에
자외선 차단제를 송금해주고
고랑 사이로 땡볕을 유예시켜준
그늘을 묶는 플라타너스에게 감사의
편지를 입금할 것이다

자주 바퀴가 덜컹거리는 수레에
조무래기 햇살을 태우고
겨우 본전이 된 입출금 전표를 보여주며
무농약으로 지은 시의 부스러기를
해거름 장터로 내 보낼 것이다

누군가의 저녁에 안식을 보탤 수 있다면
떨이라는 말, 공손하게 받겠다

* 미국의 시인, 평론가.

풍경을 묶다

발자국이 패인 그늘 배경을 물색 중이다
햇살이 40도쯤 꺾인 지금
나는 얼른 속초행 완행열차를 세워야 한다 겨우내 짠 밥상을 차린 도다리 간도 봐야 하고 순정을 탁마한 파도의 캔버스에 애기풀 잔털도 그려 넣어야 한다 헛바퀴 도는 수면 위 팔딱이는 고래 등에 방울을 달아 간밤 흘레의 농도를 재 봐야 한다
터널을 지난 바람이 제 발로 걸어올 때까지 참는다는 것은 봇짐 진 만행이다
암각화처럼 선명하게 혼례를 치러낼 입 바른 풍경에게 바람이 전하는 직설화법을 타전해야 한다 바람의 뼈마디는 늘 통화중 이어 내 휴대폰엔 몇 그램의 저장된 문자가 눈알을 굴리고 있다 봄날의 언어를 공격해 춘곤증에 좌초되고 있는 바다 빈칸에 자진모리를 주문할 것이다

풍경을 따돌리는 자전거 바퀴 살구꽃과 충돌한다 계단을 지고 온 붉은 등짝들 웅성거린다
꽃의 조문은 한철이기에 봄의 간격을 좁혀 길을 변주할 것이다 지상의 모든 풍문 접고 또 접어 꽃가루 같은 노란 말로 누군가를 수정하고 싶다

이 십팔 것!

한여름 길바닥에 내걸린 두툼한
파카 운동복
먼지를 뒤집어쓴 떨이 옷들 눈을 붙든다
이만 팔천 원, 요것 정도야
잠시 세상 물정 횡재할 순간 온 것 같아
두리번거리다
안경 고쳐 쓰고 자세히 보니
웬걸 이십팔만 원이다

이 십팔! 억세게 재수 없는 놈 분명 걸려들어
염천에 겨울옷 둘러쓰고 모가지 둘둘 말아
마른 목숨 버티겠지
히죽히죽 웃어젖히는 이십팔의 이빨 사이로
여름을 전세 낸 피곤한 허물이
흰 무릎뼈를 만지작거리고
한 번도 알려 들지 않았던 생의 곡선
나도 언젠가 타클라마칸 사막 노숙자가 되어
몸 한 벌 마련하려
길 밖으로 내몰릴지도 몰라

체면 없이 아랫도리는 어딜 가고
덜렁 윗옷만 부축한 채

생의 구도를
비틀거리게 하는
아, 살려고 버둥거리는

저 몸값의 농간에 손대는 일
참, 적막하다

살다가 살다가

화석 박물관에서
용암에 몸 뒤척인 그녀를 본다

일억 년 완강한 석녀의 몸뚱어리가
퇴적의 완강한 떨림으로
순결을 허락했다
한때는 순한 몸으로
어느 결 좋은 나무에 취해
봄을 사르고
꽃 올리는 꿈을 꾸었지
닫히면 열리지 않는
몇 겹 껍질 터지는 소리에 놀라
말랑한 어미젖을 문 채 천 년 미라가 된 그날
그냥 그대로 원시림에 살다가
백만 년 걸어 걸어
가시나무 단단한 거푸집도 풀고
어젯밤 몸 녹인 1,000도의 상처로
펄떡펄떡 뛰고 있는 내 심장 보이려 했는데

단단한 부표 한 장 끊어
너울 펄럭이며 세상 밖으로 걸으면
물컹물컹 만져지는 속살 층층

검은 머리 길게 빗질할 수 있을까
굳은 몸으로도 생리를 치르고
하혈을 하면
홀연히 멎어버린, 돌이라
부르기엔 먼 이름 될까

구라 3단

10년 된 유리 나침반을 손자 둥이가 깨버렸다
아이고 둥아, 이건 할머니 아끼는 물건인데 이걸 어째?

하머니(할머니) 이게 뭐하는 거요요?
으응 이건 길 잃었을 때 길을 찾는 거란다

어? 하머니
나보고는 길 잃으면 순경 아저씨한테 가라 했잖아요
오드매당(월드 메르디앙) 산다고 크게 말하라 했는데
……

그랜드 캐니언의 나비가 되고 싶다 숨차게 계곡을 집합시켰다 해체하는, 저 아래 달동네 같은 곳에 방 한 칸 얻어 태평양을 밀쳐두고 새끼 두엇 낳아 편두통을 치료하려 한다

아무렇게나 굴러다니는, 무책임하게 펼쳐져 있는 길 위에 여름나무 껍질을 단단히 조이고, 재배한 씨앗을 정성 들여 파종하고, 사생활을 끊고, 길을 속여 여름잠을 배불리 먹이는 일
우화를 거치지 말고 속사정을 쓰지 말고 길든 내 명령어대로 날개를 잇는, 숲의 근심을 녹음하며 햇살 날라 너를 데우는 일, 피아노 소리처럼 퐁퐁 크는 일, 일몰의 역사를 방치하는 일, 멋대로 닿고 출발하는 계절의 속사정을 모른 체 하는 일, 그리고

내 엄마만큼 우는 일

아가야, 걱정 마
할머닌 나침반 없어도 척척, 잘 늙고 있단다

벽시계에 걸린 노을

뻐꾸기 울지 않는다
시간은 애써 고요하다

만월의 이치를 해독한 탓일까
추의 힘이 완강하지 않음을
구름의 우두머리가 일러주고 갈 뿐

잔열을 뿌리며 조금씩 울음 참는 시간
나는 나를 기억해 달라 매달린다
무한 창공을 향해 사라진 사랑한다는 말
오늘 몽땅 파종해 키워내야 한다
우물거리는 입술 위로
절벽에서 떨어진 새 한 마리 바람의 뒤꿈치에
물려 날개를 접는다
악필 문자로 빼곡한 저녁, 빠져나간다

잠시 한눈파는 사이
이승의 흰말 거둬가고, 대신
주름 몇 겹 배경에 널어둔다
시곗바늘이 후두두 떨어지고
시력은 형편없이 낙하한다
생각을 유예시켜 처음 문장으로 돌아가는 시간

18시 15분
오늘 우리 이별은 정각에 이루어졌다

슬픈 잠

불쾌한 얼굴로 건빵 몇 봉지 사 들고 온 저녁
아버지 굽은 등이 반짝 펴진다
6남매를 앉혀놓은 검은 테 안경의
구령

자, 먼저 두 개씩이다
다시 두 개씩
마지막 한 개는 덤이라고 반듯하게 무릎 앞에 놓으신다
아버지 손끝을 핥는, 발아되지 않은 푸른 가지들을
무한천공에 밀어 넣는 훈련이다
남은 봉지 돌돌 말아 벽장 속에 가두시곤
착한 일 한 그때마다 다시 맛보인다 하신다

적막처럼 눈먼 저녁
반듯하게 산 날에 도리질하며
마음속 목탁 새가 나를 두들긴다
저물도록 받아 적은 두 개씩의 경전

먼지처럼 쌓인 유년을 혀끝으로 밀면
불안한 나무, 숨소리는 자꾸 작아진다

반듯한 완력 앞에 반듯하게 꿇어

바람이 맡긴 마른 몸 뒤척이는
가난한 가장의 목청이 어둠처럼 타들어 가는
지금
환청이 건네준 말의 씨앗들을
달고
슬픈 잠 이대로

꽃의 후기

40년 된
재개발 아파트 담장 너머로
복사꽃 피어있다
그늘 평상 위
노인네 몇 흐릿한 눈빛 보태며
꽃의 이력을 들춰내다
끝내 허공을 받아들인다

붉게 도배한 꽃문양 아래
물오른 근육으로
자주 탄로 난 입맞춤 있었다며
청춘을 채질한
늦게 흩어진 길목엔
슬픈 문장처럼, 꽃가루 격렬했다며
냉한 언어
틀니처럼 덜커덕거린다

담장 허물고
포크레인에 업혀 거처가
불분명한 포물선 밖에서
냉큼
사랑을 건져 야반도주를 꿈꾸던

야윈 봄
갈필로 그려진
내 꽃의 뒤태는 얼마쯤 젖어 있을까
엉덩이 들썩대던 잎의 반란
멀어지고, 찬 시간을 이기지 못한
꽃의 호들갑 그늘 옮기며
누군가의 생에 발길 돌린다

늙은 고양이
꽃잎 몇 장 밟으며 침묵을 구걸하고
만개하듯 하혈하는 잎들
시간 밖으로 뛰쳐나가고 있다

막이 오를 무대

하나투어와 하늘발레 연구소 앞
끝물 가지와 오이 흙밥이 묻어있는 파 몇 단 발걸음에 섞이고 있다 노파는 웃고 사람들은 더위를 흘리며 달아난다 도랑을 날아다니던 미꾸라지 햇살을 통과시키자 피리를 불기 시작한다
치열할 것도 없는 저 비닐 다라이에서 비행을 꿈꾸며 시간을 진행시키고 있다 습과 동행하는 절차 달라진 게 없다

사뿐사뿐 발레슈즈를 신고 치맛자락을 건너가는 여인 막 막이 오를 어둠은 무한창공을 짚고 무대 위에 기댄다 식탁에 오이와 미끈한 미꾸라지, 왈츠 시간을 점호한다
등이 찬 저녁이 불빛에 섞인다

전시장에서

오랫동안 머물다 가세요
바람에 흔들리지 말고

점점 근시가 되어가는 사각의 틀 안에서
30호쯤의 편협함이 보이면
갈필 투성이인
철들지 않은 비릿한 향에 어질거린다면
백화 술 몇 잔으로 거나하게 취해
게슴츠레한 눈빛으로만 보십시오
귀밑 검버섯까지 점령당한
환한 눈빛으론
생의 테두리가 자주 삐걱거려
색의 말들이 놀라 뛰쳐나올지 몰라요

매운 눈초리에 갇히는 동안
관대해져 별이 되려함도
바람이 자주 들여다본 뼛속 말
때문인 것을
아직도 벽 하나 지고
떨고 있는 짐승의 무늬
근심은 어떻게 달래야
새끼 맹수처럼 부드러워질 수 있나요

>

격렬히 허虛를 찔린 경계 안으로
굶주려 야위어가는 농濃, 담淡을 조문하면
똑똑, 맛있는 문안이 찾아올지도 모를 일이에요

근황

그해 봄
빈방엔 기침이 빈대처럼 붙었다 '방 잇슴' 광고지가 너덜거리며 골목을 기웃댄다
끼마다 술상을 차리며 젓가락 두드리던 누이 서울로 갔다
꼬부라진 혀로 미국 돈 몇 푼에 실렸다 흩어졌다는 소문 발목 잡는다

돌아가자 주춤하는 사이
계절은 늙은 봄나물처럼 억세지고
철 지난 바짓가랑이 어둠을 손질한다

삼양라면 하나 달랑 들고
따개비처럼 벽에 붙은 도화 잎
부축할
붉은 새, 날이 새도 보이지 않는다
시장기를 잊은 까마득한 청춘
고장 난 콘트라베이스를 두들기며
달아난 봄을 갈취하려 든다
생의 리듬은 항시 엇박자여서
퇴색한 음만 후두두 떨어지는
빈방, 갇히길 두려워한다

>

하루치 식탐이 따뜻하게 모여
유빙처럼 돌아다닌 짐짝을 내려놓고
길 끝
어지럽게 흩날리는 꽃의 부적을 걸어
불빛 끌어당겨 보는

창을 열어봐!
어둠이 너무 긴장하고 있어
미심쩍은 소식 또 올지도 몰라

전생

제 발로 걸어 들어왔을까

유리 벽 속
새끼들이 빨던 유두의 흔적 그대로다
겨울 내내 쓸어 덮었던 흙 묻은 외피
얼룩무늬에 저장시킨 사냥의 수법을
벼르고 있다
거칠게 헐떡거리는 지구를 향해
금방이라도 탄피를 날릴 것 같은
오늘, 긴 정적이 왠지 불안하다

천둥 번개치는 카라코람을 지나
히말라야 집으로 가는 길
따뜻한 속엣말을 손질하며
호피무늬를 막 두른 부화된 새끼를 양육하던
정강이뼈가 닳은 눈 어두운 길
구름의 조무래기가 가리킨
비상계단을 찾지 못했을까

문 한 켠이 삐거덕 파쇄되면
까만 발톱이 나오고
둔부가 나오고

생리가 나오고
층층 괴어진 풀의 울음 나올 테지

박제된 숨소리 듣는 일이란
붉게 문신한 노을을 보는 일이란
따뜻한 휴식을 배불리 먹는 일이란

오후 3시의 고함

E 마트 시간별 소고기세일 앞에 줄을 선다 목청 높여 사람을 모으는 귀싸대기 새파란 청년 눈에 들어온다 생의 외피를 하나씩 벗겨 내 잔칫날 한가락 뽑듯 악악 목을 높인다 똑바로 서라는 고함에 고분고분 뒤꿈치를 들어 세상에서 가장 높은 명령어에 줄을 댄다 소리의 데시벨이 점점 커시고 불량기가 없어 보이는 저 청정한 목둘레, 푸른 정맥이 불룩거린다 100그램에 1,000원이라는 곧 거덜날것 같은 힘줄

막내아들쯤 되어 보이는 등짝에 슬몃 기대어 3년 재수, 반건달로 뒹구는 내 아들놈을 본다

죽은 기억과 산자의 팽팽함이 잠시 기우뚱댄다

겸허하게 받아야 할 성찬을 마주하듯 나는 지금 무서운 회초리 앞에 반듯하게 서 있다

신새벽 찬 바람에 따끈한 아침밥을 지어 먹인 제 어미의 기도도 이렇듯 반듯했으리라

4부

못 말리는 불륜

얽혀있는 마른 덤불 속
까만 참깨 씨앗을 따 먹었다
고소한 것들이 혀끝에서 꼼지락댄다

뱃속에서 금방
사과 알보다 더 큰 꽃 숭어리 맺히더니
양수 속에 꿈틀대는 작은 우주
벽을 밀고 있다
생리를 치른 날이 까마득하여 키득거리지만
배접을 알리는
확실한 낙관이다

허리를 붙들며 몽글 거리는 입덧 채 끝나기도 전
맨드라미 꽃 수십 송이 배꼽 위로 피어올랐다
까만 점이 박힌 붉은 볏을 순산한
이 희한한 불륜이 신 난다

입술 부르트며 나를 핥았던 바람
핑계 삼아
지금, 기다림처럼 누워있다
씨앗 몇 점 더 유혹하려
이슥하도록 기울어진
불륜, 불륜을 또 먹고 싶다

새벽 우화

신천 내(川)가 바쁘다 개나리 잎도 죽은 곤충의 그림자도 지난겨울 허리병으로 쓰러진 고사목도 물빛에 보탠다

자갈을 밟고 선 버드나무 순, 알몸 행진을 시도하는 것 위태롭다 가벼운 것은 쉬이 점령될 수 있으니

짓다 만 아파트의 뼈대가 부치지 못한 빈 입금표를 들고 명상에 빠진다 근심자락도 생의 한 부분이라는 부실한 발음 이내 침묵으로 갈아탄다

새벽바람에 바늘 자국이 촘촘한 봉인된 고요 환하다

나사를 풀어버린 거푸집, 각이 없는 콘크리트 지붕 동반하고 아직 거취를 정하지 않은 햇살 끌어안고 있다 그 옆 혼자 크는 그늘, 목덜미 민망하다

한 부대씩 몰려다니는 구름 몇 짝 물 덮치는 짓거리 일기예보를 뼛속까지 전송해야 한다

서울행 화살표가 일찍 소리를 풀고
느릿느릿 지구의 귀를 만지작거리고 있다
이참에 저 물살 발바닥 간질여
이두박근이 괜찮은 사내놈, 통째로 탕진하고 싶다
철조망 뒤
새순 엎어져 무화된 길 은밀하게 몸을 세워 길을 증명하려든다

>

며칠 전 굽 높은 숲의 역사를 경청한 탱자나무 날 돋우는 이유 다녀갔다

소리 스토커

배달된 책 꾸러미에
바람소리가 따라왔다
도로변 나무에서 뜯긴 악다구니와
매연 냄새가
바퀴를 움켜쥐고 있다
한반도를 통과한 문고판 글귀들의
달그락거리는 소리
첫 출하를 기다리는 사과알 같다

강남대로에서 경적 소리를 먼저 보내면
고물 라디오가 지직거리고
장수풍뎅이 구애 소리에 샷을 누르며
모차르트가 뒤를 밟는다
원두커피 내리는 소리에
스팸 문자가 내 행방을 궁금해하고
유기되었던 소리가 슬픈 잠에서 깨어나
청각을 어지럽게 하는
온통 고독한 소리, 뿌려진다

화살표 방향으로 빠져든 깊은 길
도랑 사이로 쏟아지는
눈썰미 푸른 시간을 지나

너무 멀어 지나쳐 버린 소리를 기억하면
누더기같은 생의 등껍질이
바스락대며 달려들고
난청인 양 떠듬떠듬 귓바퀴를 세우면
간절하게 들렸던 바로 그것
잠시 외면했던
불편한 둘레

아— 우린 다른 몸이 아닌……

봄을 풀다

서울 접골원 앞
노파가 엉긴 쑥 다발을 풀고 있다
봄의 꼬리뼈를 지그시 누르는
노파의 손길에
바람의 독기가 왕성하다

어제 내린 비로 껑충 요염해진 색의
비밀, 수갑이 채워져 있다
무단 잠적한 바람, 빛을 보관하고
있는
흙발을 닦아주고 있다

뿌리가 잘린 시간 시퍼렇게 기록되고
가볍게 부화된 꿈
꾸는 사이
잎의 주문은 더 이상 자라지 않는다는
분주한 얘기들이 오가고
재생되지 않는 노파의 뼈마디
낮달처럼 차다

날것으로 몸을 내주며
철나기 전 도회로 걸음 한 유목의 빛

봄날의 뼈를 훔쳐 소쿠리 밖으로 퍼 나르는
무분별한 사랑의 해법 터득한 지 오래

쑥빛의 흔적을 탓하는 것은
바람의 완강함을 읽은 것일게다

동백
— 꽃의 저녁

왕창 대폿집 구석자리
다산의 후유증으로
부황기가 역력한 동백 하루를
거들고 있다

탁배기 몇 사발이 목을 축이며
열목어처럼 붉은 사내의 낯빛을 경작하고 있다
달게 건너지 못해 튕겨 나온 노동의
뒷얘기에
생의 주름을 꾸역꾸역 먹이고 있다

원탁에 기대어 삐딱이 몸 풀고 있는
군살 불린 사내
지글지글 끓어오르던 비계 같은 한때가
까칠한 언어 다발에 붙들리고 있다
헛기억들로 배를 채우더니 고함소리 앞당겨
아직도 역사驛舍에는
파도를 탔던 푸른 석탄 차가 나를 기다리고 있다고

축축 처지는 하루를 지우며
늦도록 슬픈 잠 견디는 동백
빼곡히 쌓인 허공의 밀어를 떠듬떠듬

받아 적으며
언 채로 또 어는 꽃의 저녁

벚꽃 점심

쌍계사 발치에
봄 파수꾼을 세워두고
방금 공수된
느긋한 한 끼의 식사
배가 봉긋하도록 비벼 먹었다
살을 발라내고
아작아작 뼈를 씹으며
반짝이는 비늘의 태도로 붉어진
빛의 안줏거리 한 상이다

향을 마시고
비릿한 절정에 취하다
그만
처첩을 거느린 종갓집 나무 등걸 속에서
신접살림을 차리고 싶어진다

나비처럼 포개져 귀를 열면
풀 먹인 빨랫감 뒤적대는 소리 같기도 한
한해살이 곤충이 나풀거리는 소리 같기도 한
햇살에 감전되어
색의 화인을 전송하는 소리 같기도 한, 소리
먹는다

>

붉은 아가미로
벚꽃의 확실한 배경이 되어
엊저녁 들은 화엄의 경지를 해독하려 든다
길게 늘어선 나무의 방언을 한 사발 들이키며
꽃의 귀가가 늦어질지도 모른다는 불안한 소식
메모한다

몸을 바꾸고
통째로 삼킨 눈부신 명암을 쪼고
눈물 찔끔거리며
행인의 눈알을 경청하는 일
벚꽃 알갱이를 톡톡 씹으며
당신의 불투명한 미래를
달게 삼킨다

일찍 도착하여 몸을 푼
노안을 걱정하는 늙은
벚꽃의 졸음, 떨어진다

따뜻한 궁상

소천* 골짝 면사무소에는
바람의 소식이 조금씩 늦어진다
발자국이 덜컹거리면
빈칸을 내준 틀니
안부를 캐러 쫓아나가고

어두침침한 전깃불은 밝기를 꺼린다
애초부터
의자는 일률적이지 못하다 아니 바퀴가 반쯤 빠져
목덜미가 벌름거리고 있다
간신히 기웃대고 있는
왜소한 선풍기
남서풍이 걸음하지 않아
사무소 입구에는 신나 냄새가 난다

주름을 통째로 받아들여 히죽, 히죽거리는 청년
구석진 개수대에서 추리닝을 빨고 있다
갑자기 햇살의 신호를 받은 모양이다
배경을 맡은 복제그림 아래 발바닥 까만
개. 빗자루를 뜯고
금강교회가 보내온 돋보기 여럿
마른 눈알들 진즉 다녀갔다

똑똑한 기척조차 머뭇대다
한쪽 잎을 놓쳐버린 휑한 꽃 앞에서
각을 내리고
뿔을 버리고
형용사와 부사가 부적절한
하루치 탐욕을 취직시키고 싶다 나는

* 봉화군 소천면.

여름 끝

홍수로 떠내려온 폐타이어
가쁜 숨을 뱉고 있다
코르시카 섬에서 그을린 태양의 혈점이
빛의 유효기간을 한 장씩 떼고 있는
사이, 열기를 베어 문 나무의 혓바닥이 까맣게 갈라진다
칸나보다 더 붉었던 두통, 폴폴
문턱을 넘어서고
태양에 끌려다닌 바람 서서히 그늘의 번식을
거둬들이고 있다

여름으로 가는 길이 끊겼다고
뱀 발자국을 따라가던 빛바랜 길이 울고 있다
발아래 드리워진 그림자의 골격이
나잇살만큼 저물어
벌레에 물린 나무 돌아와
빛을 끄고 잎을 전송하고 있다
발등을 긁힌 발자국이 발갛게 부푸는 시간
칸칸 짜 올린 빛의 뒷덜미가
잠깐의 휴식을 안주 삼아
느슨해지고 있는

저런!

늦은 시간 산길을 내려오다
상수리나무에 따귀를 맞았다
푸른 물이 뺨에 묻어
금세 촉이 나올 것 같다
저런! 두 눈을 부릅뜨니
서로를 부축한 반듯한 목발 행렬에
그만, 걸음이 질척거렸다

돌아보니
잎들 군소리 거두고 스위치를 끄고
땡볕에서 채집한 언어 부스러기를
토해내다 잠에 들었다
종횡무진 할퀴는 벌레를 피하려는 듯
가끔 꿈틀대며
경련을 일으키며
한 생의 굴욕을 서로 뜯어주던 마디들의 웅성거림
무너질 듯 다시 여는 생의 환함이
결백하다

뿌리의 고백을 들으며
말더듬이가 되어가는 민낯의 시간
나를 통과한 지상의 낮은 언어 다발은

어디로 갔을까
숨겨진 득음을 경청하며
물끄러미 한 몸 되어가는
자꾸만 훠어이 훠어이 젖어드는

가위에
눌린 꿈 밤새 꾸었다

편지

1.

그대 홀로이 내 가까이 와 있네요 오늘같이 바람 불고 빗님 오시는 날 따끈한 아랫목에서 적벽대전이라도 읽고 있을 일이지 뭣 하러 추운 날 겉옷하나 없이 애옥하게 나와 계시는가요

이제 기억조차 흐릿해 당신 품은 마음 미쳐 헤아리지도 못하겠어요 내 눈이 침침하다 야속하게 생각 마시길 당신 망치장이한테 얻어맞고 우마차에 끌려 이곳에 당도할 때 얼굴부터 발끝까지 묶여 찬이슬에 내동댕이 쳐 졌지만, 그 수려한 외모 환장하여 보쌈질로 가슴에 앉혔지요 화강암에 빼곡 밝혀둔 사연 어느 사대부집 귀한 자손이라는 것 알고는 있었어요

언 발 들고 서러워 곡성 한자락 하지 못해 환생한 염화시중 초립동이었던가요 아님 풍찬노숙하다 누추한 행랑채에서 헤진 갓끈 잡고 서책이나 만지는 만년서생이었던가요 밤마다 별당아씨 만나러 월장하다 글방 말석에서 필세의 연서라도 쓸 요량으로 언문을 녹취하셨는지요. 분주했던 당신 생 내 알바는 아니나 추측으로 다가서는 이 무례함을 용서 하십시오 갈꽃 이운 자리 천 년지난 인두 화인 발라내 국화 문풍지 울린 당신 남포오석 눈물샘도 그대만은 못 하더이다

2.

나, 할 일 없어 이렇게 찬 벽으로 세워두셨나요.

봉封하라 하는 말이 무슨 말인지요 귓불 붉은 18세 대장부

로 어느 봄 깬 날 접이라도 붙이겠다고요. 빈젓 물려 딸꾹질하는 언어 죽은 듯 삼키고 있으라고요 억장같이 부는 바람 종아리 걷어 올린 100년이 모자라다구요 눈 한번 주지 않는 저 장승놈 부부는 저희끼리 낙낙인데 굵고 무거워지지 않으면 생이 아니라구요 한밤이 거두어간 시간 이만큼 깊었는데 어둠의 포승은 내 신발을 묶어 두었군요 나도 날개옷을 입고 바우바우 밀림 숲으로 가고 싶어요 질 좋은 통나무 카누를 타고 물살 거슬러 온 쿠스쿠스 곰에게 잘 익은 마늘을 주고 싶어요 나, 풀어 주세요 나, 던져 주세요 어깨가 벌어진 방풍림 잘라 얼룩 한 점 없는 깨끗한 별자리 점을 보고 싶어요 전갈자리였으면 좋겠어요

태양이 달을 삼켜 으스스 추워지기 전에요

안주 한 사라

땅거미
발자국을 들여 놓는다

낙과처럼 버려진 몸의 마디에게 울음
내뱉는, 소리
작아지고, 몸의 부피
작아지고, 양복 치수가
작아지고

적막한 얘기들이 배불리 밥을 먹는 시간
사내의 등짝이 내보내는 생의 주문
잠시 보관된다

밥그릇이 증명하려는 꽃의 역사
일몰처럼 퇴색해 가고
젖은 눈알들의 슬픈 일기
먼저 다녀갔다

수확한 열매를 담아
붉은 가을을 치장했던 한 시절
향은 짙어 아픈 것의 비명소리는 듣지 못했다
하얀 거품을 게워내는 가벼운 시간이 임박했는데도

혀의 분주함은 벗어날 수 없다
궁핍하게 에워싼 몸의 실핏줄
어디론가 휘청휘청
실려 나가
빛살에 기대려는 친숙한 불안

놓친 것들의 무게를
착화탄 위에 옮겨 놓으면
불씨는 되살아 편서풍을 타고 활활 날아갈까

늦은 저녁이 앉혀놓은 목덜미 뒤로
둔탁스러운 혹은 묵중한 종 하나

겨울 산

그해 겨울을 피신시킨
산, 산 가까이 앉아 산허리를 걱정하고
층층 드러난 주름
야윈 햇살이 느린 걸음을 흘려보내고 있다
골짜기 사이로 전언을 넣은 8월
에도, 답을 미루고
골똘하게 돌부처만 따라다닌 잎 그림자
갈참나무에 사랑을 이식시키며
몸부터 옮겨 앉는 일
도, 늦은 문단속이 검버섯처럼 피는
그때의 근심 당신처럼 구걸하는 일
도, 겨울로 들어간 저 그늘의 우려
도
꽤나 깊다

울창한 한때의
격정을 말리는 시간
할 말이 남아있는 낮빛 불러 앉혀
이끼가 파랗게 박힌
그 새 재배한 경전을 암기하느라
머리빗이 필요 없는 성근 정수리로
빗진 이처럼 잠시 달음질치는

>

올여름 받기만 한 마흔 살을 데리고
산모퉁이를 돌아 몇 번의 장례를 치렀던
숲의 사타구니에
벨을 눌러 안부를 타진하는 지금

해설

상상력의 진폭 : 일상에서 언어로

김석준 문학평론가

상상력의 진폭 : 일상에서 언어로

김석준 문학평론가

일상이 내밀하게 응시된다. 까닭은 일상 내부에 따스한 언어의 숨결이 존재하고, 또 존재의 여율이 흘러넘치기 때문이다. 복잡다단한 일상이 시간 내부에서 시말로 변주된다. 애절한 삶의 단상들이 선명하게 부조되고, 또 일상 밑에 애절한 죽음이 침전된다. 남주희 시인에게 시란 분주한 일상 속에서 삶을 관조하는 성찰의 언어이자, 촘촘하게 짜여진 일상적인 삶으로부터 여유롭게 탈주할 수 있는 상상력의 보고이기도 하다. 일상 너머의 "헐렁한 자유"(「5분의 구애」)가 말에 의해 추구된다. 언어에게 삶이 받쳐지고, 말—자유가 적극적으로 실현된다. 일상을 상상적 지평으로 고양시킨 이질적인 말들과의 상면은 극적이었으며, 비로소 진정한 시살이가 전개된다.

물론 일상의 무게는 존재가 감당해야만 하는 삶의 무게이지만, 그것을 미적으로 승화시키는 것은 그리 간단한 문제가 아니다. 아니 역으로 일상의 시말화는 가장 어려운 시의 과제이다. 그리 새로울 것도 없고, 그렇다고 강렬한 기호로 코드화시키는 것이 더더욱 불가능한 일상을 시의 소재로 삼는다는 것은 하나의 시적 모험이자 도전이다. 특히 남주희 시인의『꽃잎 호텔』은 소소한 일상들을 예각화된 시선으로 응결시킨 작품집인데, 그것은 언어의 유려한 품에 안긴 이 세계의 표정이라 하겠다. 말이 말을 불러일으켜 일상의 의미를 시말로 돋을새김하면서, 시인은 유년에서부터 현재에 이르는 삶의 도정 전체를 시말 속에 응고시키고 있다. 때론 일상의 삶 속에서 벌어지는 사태들을 예민한 관찰력으로 투시하면서, 때론 자신에게 속한 지난한 삶을 성찰하면서, 시인은 일상의 거친 숨결을 따스한 언어의 결로 순치시켜 냉혹한 이 세계를 연민의 시선으로 포월하고 있다.

말은 자유이고, 삶은 일상에 차폐된 채 암울하다. 반복만이 일렁인다. 일상이 무료하면 할수록 언어에의 욕구는 더욱더 간절해지지만, 그 일상을 시말로 발화시키는 것은 그리 쉽지 않다. 일상에 도발적인 상상력이 매개된다. 특히 남주희 시인이 전개한 일련의 시말운동은 상상력의 진폭을 무한히 확대하여 말과 말 사이의 경계를 자유자재로 넘나드는 순정한 말의 운동이다. 말의 양력이 "생의 곡선"(「이 십팔 것!」) 위에 기입된 삶의 진중한 무게라면, 그것의 부력은 "말의 씨앗"(「슬픈 잠」)을 발아시켜 온 세상이 말꽃으로 피어나는 언어의 세상이다. 물론 시인의 그것이 "해와 말 거는 사이"(「늦은 이유」)에 생성된 아주 예민한 감각들을 상상력의 얼개로 부조시킨 것이지만, 남주희 시인의 『꽃잎 호텔』은 말과 말 사이의 의미적 지평을 무한히 증폭시켜 언어가 삶을 대리 표상하는 언어의 제국을 건설 중이라 하겠다. 때론 "불량한 유서"와 "발정난 음계"(「딱딱한 외투」) 사이를 자유자재로 넘나들면서, 때론 "바람을 껴안은 여자"의 뿌리 깊은 "화농"(「바람의 텃세」)을 아주 섬세하게 치유하면서, 시말은 일상의 지평을 존재론적 지평으로 코드 변환시켜 "생의 구도"(「이 십팔 것!」)를 새롭게 정립하고 있다.

어쩌면 시인이 된다는 것은 온 신경줄을 언어 쪽에 잇대어 놓은 채, 감각의 촉수를 예리하게 벼려 상상력의 진폭을 무한히 증폭시키는 지난한 작업인지도 모른다. 아니 남주희 시인이 전개한 일련의 시말운동은 이 세계에서 벌어지는 일상의 모든 사태들에게서 의미를 읽고 언어로 상상하는데, 그것은 '세계=시'라는 등식을 성립시킨다. 세계의 사태는 시의 사태이다. 모든 것이 언어에게 받쳐지고 언어가 상상된 꼭 그만큼 시말로 발화된다. 말하자면 말은 단순한 사태의 지시적 기능을 넘어 말이 말에 의해 말을 생산하거나 말이 말에 의해 이질성으로 비약하는 말의 변주곡을 유려하게 탄주하고 있다. 일상은 말의 延長이고 鍊匠이다. 말의 생리적 구조를 능수능란하게 읽어내려 갔으며, 또 일상의 삶 전체를 따스한 시선으로 포월하여, 그 모든 의미의 체계를 시말 속에 코드화시킨 것이 바로 금번 상재한『꽃잎 호텔』의 시적 정체라 하겠다.

> 치매를 앓으시는 어머니
> 벽 보고 왼 종일 중얼중얼
> 받침 없는 언어 부스러기로
> 기억을 허물어 물 속을 유영한다
> …(중략)…
> 미안하다는 창백한 말 건넨다
> 너에게 세들어 사는 동안 지친 꽃들의
> 쑤군댐 외면하며
> 허공으로 피어오른 말의 거적, 들어 올린다

말 사이 칸칸 짜여 있는
속 깊이 방사된 언어
다시 벽에 붙어서서 말을 뜯어내려 하는
나를 탕진한 물의 속도에
오래 재배된 퇴적물을
기웃, 부화시키려 한다

어림없는
꽃 지는 봄이다
—「벽의 말」 부분

일상은 "언어 부스러기"의 침전물이자, 생이 생으로 묘사되는 진정한 삶의 실체이다. 일상을 언어로 코드 변환시키는 행위는 말—삶이 처한 시의 현실이다. 말은 "낮은음자리부터 익혀야" 하는 "생"(「첫사랑 대폿집」)의 현사실적 사태이자, 이 세계의 거대한 "벽"을 통과하는 제의이다. "슬픈 문장"(「꽃의 후기」)이 운명처럼 "치매를 앓으시는 어머니"의 서사적 삶으로 매개되어 인간학적 현실을 반조하게 만든다. 일상은 문장이고 언어의 가능적 현실이다. 남주희 시인에게 벽은 말의 벽이자 존재의 벽이다. 시간이 인간을 예기치 않은 곳으로 데려가 의식을 파열시키는 한, 망각이라는 벽에 당도해 끝내는 아포리아로 소거된다. 설령 시인의 그것이 뜯겨져 나온 말을 통해서 인간학과 그것이 속한 "욕망"을 언표한 것이지만, 시인의 상상적 층위는 의미의 한계를 넘어서 "탕진"과 신생 사이를 아슬아슬하게 이접시키고 있다. 불협화음이 상상의 지층 밑에 매개된다. 벽에서 뜯겨져 나온 "언어의 부스러기"들이 여기저기 흩어지고, 의미의 체계가 "해독"되지 않는다.

도대체 "생의 투전판"(「인사법」) 같은 일상적 삶 내부에서 시인은 무엇을 보고 깨달은 것인가? "창백한 말"들이 온 세상에 넘쳐나고, "왼 종일 중얼중얼" 파열음만 뱉어낸다. 도대체 우리는 왜 벽에 당도하는가? 일상의 반복이 종료하고, 차이를 표현하던 삶도 벽 앞에 이르러 "치매"를 앓게 되는데, 그것은 생이 마주하는 존재의 벽에 다름이 아니다. 어쩌면 일상을 살아간다는 것은 "그림자의 먹이"(「그림자의 환승」)로 장렬하게 산화하는 불길한 징조인지도 모른다. 아니 남주희 시인이 전개한 일련의 시말운동은 일상과 죽음 사이 놓여 있는 간극을 상상력으로 봉합하면서, 일상적 삶의 앞면에 드리워진 존재의 벽을 하나하나 허물어가고 있다. 설령 그것이 "꽃 지는 봄밤"의 아련한 단상을 시말 속에 응고시킨 것이기는 하지만, 시인에게 말, 즉 일상 내부에 "속 깊이 방사된 언어"는 생 내부에 잔존해 있는 "석회질 종양" 같은 삶의 "퇴적물"들을 신생의 기운으로 "부화"시키는 숭고한 정신의 등가물이라 하겠다. 일상의 벽이 언어에 의해 돌파된다.

해체되는 것은 무기력하다는
,것
매일 낯설다는
,것 새로운 말이 아니다
—「잠깐을 노획하다」 부분

첫사랑이란 뜬금없이 휘어지다 흩어지는

멋쩍게 빈 술잔만 세고 있는 것

—「첫사랑 대폿집」 부분

봄 일당
꽃잎 호텔을 급습했다

—「꽃잎 호텔」 부분

일상은 미학적이지 않다. 일상은 더 이상이 시적이지 않다. 일상이 파열하여 더 이상 반복하기를 거부하거나 멈춘 순간, 혹은 일상으로부터의 일탈이 행해지는 아주 "잠깐"이라는 시간 동안에만 생은 미적학적으로 변신하여 시말을 도발하여 일상 전체를 시미학으로 치환시키게 된다. 때론 "이두박근이 괜찮은 사내놈"과의 질펀한 "탕진"(「새벽 우화」)을 몽상하면서, 때론 자신의 육체에 부과된 "갱년기"를 "대 처분"(「봄날은 간다」)하면서, 시인은 동일한 일상으로 흐르는 삶의 "속도"를 완급조절 하여 일상으로부터 일탈을 감행하고 있다. 일상이 느린 시간의 속도로 질주하다가 빠르게 휘어져 말의 변곡점에 당도한다.

말하자면 남주희 시인에게 잠깐은 시말이 발화되는 순간이자, 의미의 체계가 "해체"되어 상상력이 발휘되는 순간이기도 하다. 일상이 변주되고 일탈이 이루어진다. 동일한 "매일이 낯설"어 졌으며, 미지의 무엇엔가 "중독"되어 언어 속에 일상이 침전된다. "불규칙한 음"이 생을 낯설게 만들었으며, "꽃의 근친상간"이 도발된다. 어쩌면 시인에게 잠깐은 모든 의미의 체계가 새롭게 생성될 수 있는 언어의 블랙홀이자, "어둠의 경고장"에 기입된 잠깐이 한없이 늘어지고 팽창하는 시의 공간이다. 말의 폭발은 잠깐의 폭발이자, 잠깐이 시말로 발화되는 언어의 섬광인데, 그것은 상상력의 진폭이 좁혀졌다 펼쳐지는 아주 짧은 시간의 폭발이다. 잠깐은 상상력과 말의 빅뱅이 일어나는 의식의 임계점이다.

여지없이 일상의 반복이 정지하여 의식의 진공상태에 이른다. 화려한 삶의 지층이 일상 밑에 침전되어 망각으로 사라진다. 일상이 파열하여 뜯겨져 나가 해체되는 순간에, "뜬금없이" "첫사랑"이 추상된다. 이를테면 시인에게 시말은 뜬금없이 생성되는 세미오틱 코라이거나 생의 "비릿한 절정"(「벚꽃 점심」)의 순간에 현상하는 의미의 날 것이다. 문득 우연히 "121번 버스"가 지나가는 "폐차장" 근방을 지나다 전혀 예기치 않은 기억이 떠오른다. 말은 무겁고, 삶은 가열하다. 청춘을 구가했던 봄날은 이미 사라진지 오래고, "첫사랑"의 추억은 아련하다. 일상의 불연속적인 점이지대에, "침묵"으로 "술잔"을 기울이던 첫사랑의 "언약"이 "푸른 건반"처럼 영롱하게 빛난다. 물론 남주희 시인의 첫사랑에 대한 기억이 그리 안온한 것만은 아니지만, 따라서 사랑의 빈 지대에 자조 섞인 "푸념"만이 남아 있지만, 시인의 첫사랑으로의 탈주는 시말이 생성되는 숭고한 미적 순간이라 하겠다.

"눈썹미 푸른 시간"과 "누더기 같은 생의 등껍질"(「소리 스토커」) 사이에 언어가 있고, 상상력이 있고 일탈이 존재한다. 말하자면 금번 상재한 『꽃잎 호텔』은 상상력의 진폭을 무한히 증폭시킨 작품집인데, 그것은 말—사태를 입체적으로 부조시킨 것이거나 새로운 시말을 정초하는 시인의 정신성이 고스란히 노정된 순정한 의식의 산물이다. 상상력에 도발에 의해 투명한 말이 매개되고, 불륜의 치명적인 사랑이 꿈꾸어진다. 일상의 심연에 아직 폭발하지 못한 리비도가 살아 숨쉬고, 일상 밑에 침전된 온 세상이 사랑의 여울로 변주된다. 여기저기 봄꽃들이 만개했으며, 마침내 "늙은 나무"에 열꽃이 피어올라 사랑의 열병을 앓게 된다. "수작"이 건네지고 눈빛은 교교하다. 너와 나 사이를 가로막던 규범이 여지없이 해체되고, 일상이 일탈로 변이된다. 어쩌면 남주희 시인의 그것처럼, 우리는 일탈과 일상 사이를 자유자재로 넘나들다가 불현듯이 "시간을 탕진"하는 운명의 타자인도 모른다. 마치 꽃잎의 화려한 몸짓 밑에 칙칙하고 어두운 본능이 침전되어 있듯이, 모든 밝음은 "어둠"을 증명하는 "근심"의 "낮빛"이다. 화려한 일탈적 사랑의 자리에 타나토스가 생 전체를 유혹하고 있다.

해 긴—날
국수 한 그릇 돈이 아까워 등 끌고 온 오후
찬물에 보리밥 마는 아버지 생각, 스쳤다
헐값 식욕을 만지작거리다 우두커니 예수가 되었을
소태같은 입에 맹물만 들이켰을

힘없는 눈줄기로 두리번거리던 완벽한 틈새, 사이로
궁기가 장마처럼 젖던 날
새처럼 말라간 등으로 허공이 되어버린 아버지
2,000원 짜리 막국수 한 그릇이면
마른 목 잠시 적시기엔 더 없는 호사였을텐데
아버지가 견뎌낸 고약한 여름에게 미안했다
미안하단 말부터 먼저 건넸다

그해 여름
야윈 등뼈를 실은
바람냄새에 환자처럼
어질어질했다
—「여름날의 고백」 부분

일상은 지난하고, 고백은 간절하다. 일상의 심연에 아직 발설하지 못한 상처가 자리하고 있는 한, 인간학적 삶은 그리 안온한 것으로 표상되지 못한다. 일상의 내부에 부정성이 매개되고, "비정상"이 현실을 억누른다. 운명에 내맡겼던 삶이 부메랑처럼 운명으로 되돌아와 시간의 저쪽으로 사라졌던 어느 무덥던 "여름날"을 반추하게 되는데, 그것이 바로 고백의 시적 정체이자, 남주희 시인이 처한 존재론적 위치라 하겠다. "생의 출구"(「반구대 암각화」)가 전혀 보이지 않았던 "아버지"의 지난한 삶—시간—세계로 인해 늘 명치끝에 꽉 막힌 것처럼 답답하다. 울혈이 인다. 두 개의 서사 사이에, 혹은 점점 물욕으로 치달아가는 일상적 삶(지폐 스무 장)과 한 끼 식사를 걱정하던 아버지의 지난한 삶 사이에 시말이 매개되어 존재론적 성찰이 이루어진다. 욕망과 기억 사이에 상상력이 있고, 고백이 있다. 시인에게 시란 하나의 운명이고, 삶이다. 물론 전개된 일련의 시말운동 전체가 상상력의 진폭을 무한히 확대하여 모든 의미의 지층들을 언어에 응결시킨 것이라는데 이의를 달 수 없지만, 남주희의 그것은 아버지의 삶에 받쳐진 순수한 말의 운동에 다름 아니다.

어쩌면 산다는 것은 고백의 연속인지도 모른다. 아니 시인의 시살이는 화려한 말의 감각 밑에 침전된 존재의 감각인데,

그것은 아버지에게서 비롯하여 다시 아버지에게로 회귀하는 인간학적인 숙명에 관한 간절한 그리움을 육화시킨 것이라 하겠다. 말의 앞면이 화려한 연금술을 통해서 언어의 수사학적 장치를 입체적으로 부조시켰다면, 그것의 뒷면엔 다 발설하지 못했던 고백의 전언들로 누덕누덕 덧대어져 있다. 애잔한 삶의 서사가 언어 내부에 매개되고 기입된다. 어느 한 시점에 의식이 집중된다. 슬프고 간절하다. 상상력의 진폭이 한없이 사그라진 채, "소태같은 입에 맹물만 들이켰을" 아버지의 젊은날의 초상이 선명하게 떠오른다. 일상과 과거의 시간이 착종된다. 므네모시네가 시인을 과거로 데려가 "야윈 등뼈"만을 앙상하게 드러낸 아버지의 뒷모습에 온 시선을 집중시킨다. 두 개의 서사 사이에 "궁기"가 흘러내렸으며, 딸과 아버지 사이에, 간극을 메울 수 없는 "완벽한 틈새" 사이로 부녀지간의 애절한 사랑이 여울져 흐른다. 때론 "소갈머리" 없이 천방지축 재잘대던 유년시절의 모습을 떠올리면서, 때론 허기진 "아버지가 견뎌낸 고약한 여름"의 지난한 노동의 삶을 위무하면서. 남주희 시인은 지금은 이 세상 존재하지 않는 "죽은 애인의 아버지"(「시인의 말」)를 간절하게 추억하고 있다. 가슴이 찌릿찌릿하다.

엄마의 옻칠장은 토닥이는 소리로 열고 닫힌다 검은머리 빗질 끝나면 하얀 종아리 걷어올린 나무아래 피리 분 기억을 올린다 혀가 짧은 보름달이 쫓아와 풋살구 갈피에 꽃을 심었다 꽃가루로 분칠한 나비경첩, 궤를 붙들고 나무 향에 취한 집착을 읽는다

오동나무를 건드린 사내놈의 발정으로 칩거에 들어간 그늘

옻칠 벗겨진 자국에 늑대울음 들린다며 붕어 자물쇠를 채운다
목욕재계를 마치면 곧 오동 집이 되는 엄마

18세 아버지를 내간체 종이가 꼼지락대면 늙은 엄마는 문득 문득 자란다 옻칠장 나이테에 부적을 꿰매고 밤마다 결 맞춘 소원도 주문한다
나무로 걸어와 접붙인 세월이 까마득하다 칠이 벗겨지면 감춰놓은 달을 품어 아랫도리가 짧은 노랫말을 잇는다 적삼 속에 개어둔 유언이 그믐으로 몰릴 쯤 문틈 사이로 연록의 나무 냄새가 난다
기억의 새들 곁눈질하며 어둠을 수혈 받아 옻장 속에 감춘다 덜컥! 목이 매인 주름 사이로 슬픔이 저장된다
하나씩 말라가는 글에 손톱자국을 내는 일

—「소설」 전문

남주희 시인이 금번 상재한 『꽃잎 호텔』은 일상의 안주름에 새겨진 기억의 잔영들을 섬세한 시선으로 옴쳐내는 동시에 일상의 바깥주름에 새겨진 일탈을 언어로 화려하게 봉합한 작품집이다. 물론 표면적으로 볼 때, 시인의 그것은 상상력의 진폭이 만든 탁월한 언어 감각의 산물처럼 비추어지지만, 기실 그 언어의 심연을 내밀하게 응시하다보면, 그 모든 것들이 인간학적 삶에 관한 담론적 사유로 구조화되어 있다는 사실을 직감하게 된다. 시말의 육화 과정은 삶의 안주름과 바깥주름이 만든 존재론적 음영을 허구로 치환시킨 것에 다름 아니다. 지난한 삶의 서사가 "소설"로 허구화된다. 비록 그 소설의 정체가 한 많은 어머니의 삶을 "오동 집"으로 비유한 것이기는 하지

만, "기억"은 1920년대 어디쯤을 배회하면서 어머니의 삶—시간—세계를 허구로 재구성하고 있다. 마치 레테를 건너지 못하는 삶의 기억이 신화적 허구로 육화되듯이, 시인은 어머니의 삶을 신화적 서사로 현전시키고 있다.

미지의 향기가 코끝을 스친다. 시간이 인간학적인 삶을 의미의 경계지대에 위치시키는 한, 이 세계의 모든 삶은 허구다. 아니 한 편의 잘 완성된 소설은 리비도의 경계지대에서 생성된 욕망을 억압의 형식으로 그려낸 것인데, 그것이 바로 시「소설」의 시적 정체이다. 일상이 상상력에 의해 매개되고, 서사가 발화된다. 어디선가 예기치 못한 미지의 "소리"가 귓전을 맴돌며 의식을 한 지점에 응고시킨다. 드르륵 문이 열린다. 여인의 한이 서려있었으며, 미처 발설하지 못했던 서사가 개인의 신화로 재건된다. 의미가 있는 곳에 서사가 있고, 상상적 신화가 존재하는 한, 그것은 존재의 "주름"이 만든 인간학적 "슬픔"을 유미적으로 승화시킨 존재의 서사라 하겠다.

설령 일련의 시적 사태가 가닿을 수 없는 곳에 위치한 몸과 마음 사이의 거리를 리비도의 형식으로 가늠한 것이기는 하지만, "사내놈의 발정"과 "붕어 자물쇠" 사이의 유비적 관계를 유려하게 굽이치는 서사는 한 많은 여성의 삶을 대변하고 있다. 여성의 역사는 억압의 역사이다. 마치 어머니의 삶이 "옻칠장"의 "나비경첩"에 고착된 절망의 시간으로 중층 결정되어 있듯이, 소설로 명명된 한 편의 단편서사시는 "부적"과 "소원" 사이에 위치한 여인의 운명을 "내간체" 형식으로 그려내고 있다. "늑대울음" 소리 들리는 깊은 "어둠"을 홀로 견디어내면서, 심혼을 밝고 투명하게 정화시키기 위해 "목욕재계"를 올리고 있다. 슬픔으로 침윤된 시간의 서사를 한 자 한 자 써내려가면서,

남주희 시인은 어머니의 지난한 삶—시간—세계를 소설로 서사화하여 위무하고 있다.

> 먼지처럼 쌓인 유년을 혀끝으로 밀면
> 불안한 나무, 숨 소리는 자꾸 작아진다
> —「슬픈 잠」 부분

> 지금, 기다림처럼 누워있다
> 씨앗 몇 점 더 유혹하려
> 이슥하도록 기울어진
> 불륜, 불륜을 또 먹고 싶다
> —「못 말리는 불륜」 부분

> 오늘 한 일은
> 내 시詩에 토씨 하나 고친 것이 전부
> —「하지」 부분

일상의 심연에 슬픔으로 고동치는 존재의 역사가 아로새겨져 있다. 시간이 흘러내린다. 시간은 끊임없이 파열하여 자신의 경계면에 흔적을 남겨놓게 되는데, 그것이 바로 "일몰의 역사"(「구라 3단」)에 새겨진 인간의 참모습이다. 일상이 시간의 형식으로 구현되는 한, 혹은 인간학적인 삶이 시간의 형식 내부에 기입된 주름으로 표상되는 한, 그것은 그리 안온한 기억으로 재구되지 않는다. "구라 8단"(「성업 중」)들의 허황한 말들만이 이 세계를 가득 채울 뿐, 일상은 진정성이 구현되는 숭고한 공간이 아니다. "화해의 무덤"(「돌아가야 하나」)을 만들고자 했으나, "하루치 탐욕"(「따뜻한 궁상」)과 "근심"(「횡설수설」)으로 인해 이 세계는 늘 파열하는 그 무엇으로만 남을 따름이다. 상처가 일렁였으며, 치유 불가능한 트라우마가 기억 밑에 침전된다. 마치 가난으로 점철된 어린 시절의 상흔이 "생의 주름"(「동백—꽃의 저녁」) 내부에 켜켜이 쌓여있는 것처럼, 남주희 시인의 그것은 인간학적인 "슬픈 잠"을 시말 속에 응고시킨 것이라 하겠다. 아버지의 "불콰한 얼굴"이 "적막"을 가르는 어둠을 뚫고 선명하게 떠오른다. 그리움은 상처이자 연민이다. 기억의 심연 속에서 불안이 스멀스멀 기어 나오고, 어디선가 "환청"이 들려온다. 물론 시인이 이룩한 일련의 상상력의 지평은 불가능을 가능으로 코드 변환시키는 언어의 순수한 운동이지만, 그 상상력의 실체는 상흔을 비집고 나오는 존재의 어두운 그림자에 다름 아니다. 말의 심연에 존재의 음울한 음영이 투사되어 있는 한, 혹은 압축 전치된 슬픈 꿈에 관한 삶의 서사가 시말의 내부에 고동치는 한, 시인의 상상력은 밝고 투명한 몽상 속에서 피어난 아름다운 언어의 제의만을 의미하지 않는다.

일상을 굽이치는 서사는 "아버지 굽은 등"이나 "가난한 가장의 목청"과 공명하는 삶에 관한 일종의 존재론적 보고서인지도 모른다. 가벼운 듯 무겁고, 이내 그 무거운 삶을 따스한 시선으로 위무하는 언어는 인간학적 진실을 노래하는 말—사태라 하겠다. 상상력의 진폭이 무한히 증폭된다. 기억의 저편에 자리 잡은 "유년"의 고통이 일상의 불안과 겹쳐진다. "격정을 말리는 시간"(「겨울 산」)들이 "검은 테 안경" 너머로 사라진다. 시인에게 유년의 추억을 가로지로지는 "건빵 몇 봉지"는 차라리 하나의 "경전"이자, "말의 씨앗"이 싹 틔우는 상상력의 보고이다. 설령 그것이 슬픔으로 일렁이는 인간학적인 슬픈 잠에 관한 애절한 고백의 형식을 띠고 있지만, 시인에게 언어는 지난한 일상을 위무할 수 있는 유일한 수단이다.

서사를 자극하는 상상력이 도발된다. 상상력은 언어의 자유이자, 말—자유를 실천하는 의식의 도구이다. 반복이 지배하는 일상으로부터의 일탈이 꿈꾸어졌으며, "희한한 불륜"이 언어를 매개로 극적으로 실현된다. 상상력이 얽히고설켜 불가능이 가능으로 역전되었으며 마침내 금기 위반이 시도된다. 아주 은밀하지만 달콤한 몽상이 일상을 헤집으며 "혀끝"을 간질인다. 어쩌면 그 형식을 불문하고 시인에게 사랑에의 "유혹"은 가장 짜릿한 순간인지도 모른다. 일상의 어디엔가 은익된 채 존재하는 향락이 꿈처럼 도발된다. 마치 사랑에의 붉은 열병이 "씨앗"과 "맨드라미" 사이에서 꿈꾸어지듯이, 시인의 그것은 여성성이 구현되는 생명에의 사랑을 몽상한 것이라 하겠다. 설령 "못 말리는 불륜"이 외설스러운 남녀간의 에로티즘적인 이미지를 떠올리기는 하지만, 따라서 남주희 시인이 꿈꾸는 사랑의 형식이 금기를 위반하는 희한한 불륜인 것처럼 비추어지지만, 기실 그 불륜에의 사랑은 생명을 자궁 내부에서 키우고 싶은 모성적인 사랑임에 틀림없다. 때론 "양수 속에 꿈틀대는 작은 우주"에 생명의 온기를 불어넣으면서, 때론 "배꼽"과 "입덧" 사이에 기입된 리비도적인 열망을 시말로 응고시키기도 하면서, 시인은 몽상적 일탈을 감행하고 있다.

모든 일상과 일탈이 상상력에 내맡겨지고, 언어의 순결한 운동에 받쳐진다. 말하자면 남주희 시인의 금번 상재한 『꽃잎 호텔』은 신선한 표현법을 다층적 상상력의 얼개로 응축시킨 작품집인데, 그것은 바로 말이 곧 하나의 우주를 생성하고 대변하는 존재의 숭고한 운동이라 하겠다. 시에게 심혼을 빼앗긴 시인, 하루 종일 한 일라곤 "시詩에 토씨 하나 고친 것이 전부"인 시인, 모든 일상을 시의 언어로 봉합하는 시인, 그가 바로 남주희의 존재론적 정체성이자, 『꽃잎 호텔』의 시적 정체이다. "봄날의 언어" 같은 "노란 말"(「풍경을 묶다」)들 속에 자아를 투사하면서, 일상이 펼쳐내는 "근심의 무게"를 덜어내는 남주희 시인의 그것은 언어가 감당해내야만 하는 가장 아름다운 시적 태도이다. 이 세계가 시이고, 말이다. 아니 역으로 시인의 시선이 가닿는 곳에 언어가 상상력을 타고 오롯이 빛나는데, 그것은 말의 양력과 부력 사이에 기입된 이 세계의 표정이다.

"생각"이 언어에 매개되어 꼬리에 꼬리를 문다. 말하자면 생각의 극한은 언어의 극한값이자, 시말이 생성되는 궁극의 지점인데, 그것이 말을 표상하는 시인의 존재론적 위치이다. 생각 사이사이에 "파편처럼 튕겨나간 언어"(「가벼운 전언」)들이 촉지 되었으며, 또 "뼛속 말"(「전시장에서」)에 침전된 애절한 "어미의 기도"(「오후 3시의 고함」)를 읽어낸다. 마치 말의 표상이 존재의 표상인 것처럼, 시인은 자기에게 속한 모든 것들을 시의 언어로 발화시키면서, 인간학이 곧 시말로 환원될 수 있음을 예증하고 있다. 비트겐슈타인 식으로 말해서 이 세계는 사태들을 응결시킨 시말의 총합이다. 이 세계는 그 자체로 언어다. 이 세계는 생각이 가닿는 지점에서 발화되는 시말이다. 남주희 시인의 『꽃잎 호텔』이 놀라운 점은 바로 사태의 총합을 언어의 총합으로 응결시켜 이 세계를 시말로 발화시켰기 때문이다.

올봄엔 시를 담보로 대출을

받아야겠다
우선 성질이 순한 농자금을 받아
뒤란 텃밭에 이자가 들어갈 구멍 숭숭한 흙구덩이를
파야겠다

붓꽃 진 자리에 모종을 붓고
시의 뒷덜미와 볼록한 아랫배를
적금처럼 부으며
잘 구겨지는, 불량품인 내 시를 시험 삼아
파종할 것이다

…(중략)…

대출이자를 다그치면
착한 낙과부터 먼저 씻을 것이다, 뿐이랴
툭하면 바람과 놀아난 시의 무단외출을
고자질해야겠다

…(중략)…

겨우 본전이 된 입출금 전표를 보여주며
무농약으로 지은 시의 부스러기를
해거름 장터로 내 보낼 것이다

누군가의 저녁에 안식을 보탤 수 있다면
떨이라는 말, 공손하게 받겠다

— 「이상한 은행」 부분

참 아름답고 순결한 시의 정신이 총체적으로 노정된 「이상한 은행」은 시인 남주희를 대변하는 동시에 문학사에 남을만한 작품이다. 삶이, 세계가, 인간학이 시에 받쳐진다. 이상한 은행은 환상이 실현되는 루이스 캐럴의 『이상한 나라의 앨리스』이기도 한데, 그것은 상상력의 진폭이 무한히 확대되는 지점에 언어의 실체가 존재한다는 말과 같다. 때론 "태양의 혈점"(「여름 끝」)을 짚어 상상력의 "별자리 점"(「편지」)을 치면서, 때론 일상 사이사이에 점점이 박혀있는 생의 "비상계단"(「전생」)을 따스한 시선으로 옴쳐내면서, 이 세계 전체를 말의 함수로 치환시키고 있다. 이 세계의 절댓값은 말이라면, 이 세계가 표현될 수 있는 기댓값은 시이다.

"바람의 온도"를 "파도의 울음"(「소리」)으로 치환시키는 시인. 온 세상의 몸짓을 "화엄의 경지"(「벚꽃 점심」)로 읽어내는 시인. 냉혹한 자본의 기호를 "따뜻한 낱말"(「가벼운 전언」)로 읽어내는 시인. 그것이 바로 남주희 시인에게 허여된 시살이의 본령이다. 특히 시 「이상한 은행」은 시와 세계 사이의 거리를 아주 내밀하게 밀착시켜 이 세계의 한계를 돌파하고 있는데, 그것은 바로 시가 냉혹한 후기산업사회에도 아직도 유효한 이유이다. 시의 존재론적인 의미가 참구되고, 언어와 세계 사이의 불협화음이 봉합된다. 아니 더 정확하게 말해서 시란 이 세계의 밑면을 떠받치는 존재론적 심급이자, 생이 생으로 기술될 수 있는 가장 숭고한 인륜적 성과물에 다름 아니다. 때론 "언어다발"로 "허공의 밀어"(「동백—꽃의 저녁」)를 시말로 치환시키면서, 때론 가능성으로 존재하는 "붓의 말"들을 각양

각색의 "색 말"(「색의 사서함—강선생 화실에서」)로 부조시키면서, 시가 곧 인간학적 진실임을 예증하고 있다.

"감사의/ 편지"가 시에게 받쳐지고 이 세계에 헌정된다. 설령 시인의 삶—시간—세계가 "시의 뒷덜미"에 사로잡혀 늘 빚을 지고 사는 경우가 허다하지만, 따라서 시의 경작은 늘 손해만 보는 삶만을 노정시키는 것 또한 사실이지만, 님주희에게 시란 진중한 "기다림"의 시간 속에 생성되는 생명의 노래라 하겠다. 물론 시에 저당 잡힌 삶은 늘 미진하고 불충분한 것으로 평가되지만, 시인에게 시란 존재를 걸어야만 얻어질 수 있는 지고한 의식의 산물이다. 쌩볼릭과 세미오틱 코라 사이에 언어가 있고, 또 텍스트의 생산력이 추인하는 시인이 있다. 비록 시인이 생산한 시말들이 "불량품"이라고 스스로 폄하하고 있지만, 어찌 그것이 불량품으로 평가될 수 있겠는가? 아니 시 「이상한 은행」은 시가 표현할 수 있는 세계의 표정을 아주 치밀하게 형상화하면서, '시=세계=삶'이라는 멋들어진 등식을 성립시킨다. 때론 "시의 무단외출"로 인해 전전긍긍하면서, 때론 "저녁"의 안온한 "안식"을 위해 시말 앞에 "떨이라는 말"을 덧대기도 하면서, 에즈라 파운드가 『시를 어떻게 읽을 것인가』에서 말한 시의 위의를 참구하고 있다.

시의 적립은 존재의 적립이자, '민족의 안테나'를 고결하게 곧추세우는 숭고한 작업이다. 시는 안식이다. 시는 영롱한 "햇살 무늬를 조율"하는 아름다운 전언이다. 시는 세계의 경작이다. 시는 상상력의 텃밭에서 건져 올린 이 세계의 마지막 양심이다. 시는 위무의 눈빛이다. 시는 "공손"이다. 시는 이 세계에 받쳐진 감사의 말이다. 시는 황량한 이 세계의 적립금이자, 생의 담보물이다. 시는 하루하루의 고단한 일상을 따스한 말로 치유하는 사랑의 전언이다. 시는 상상력이 만든 이상한 은행이다. 시는 환상을 가로지르는 진리의 몸짓이다. 시는 존재의 포월이다. 분명 금번 상재한 남주희 시인의 『꽃잎 호텔』은 시가 말할 수 있는 그 모든 인륜적 표징들을 시말로 승화시킨 상상력의 전언이자, 말의 진폭을 자유자재로 증폭시킨 언어의 제국이라 아니할 수 없겠다.

남주희

남주희 시인은 대구에서 태어났고, 고려대학교를 졸업했으며, 대구문화방송 아나운서로 오랫동안 재직한 바가 있다. 2003년 『시인정신』과 『현대수필』로 등단했고, 시집으로는 『둥근 척하다』와 『오래도록 늦고 싶다』, 『길게 혹은 스타카토로』가 있고, 산문집으로는 『조금씩 자라는 적막』이 있다. 정수문학대상, 시와여백 시부문 대상, 한국민족문학상, 지식경제부 장관상 등을 수상했으며, 지식경제부 소속 사단법인 한국편지가족 총회장, 정수문학 회장, 토평문학 회장, 다울문학 회장 등을 역임했으며 은시문학 회장으로 활동하고 있다 영남일보에 컬럼을 연재했으며 대한민국 미술협회 회원으로 있다.
『꽃잎 호텔』은 남주희 시인의 네 번째 시집이며, 『꽃잎 호텔』은 그의 시적 상상력이 일탈과 일상 사이를 자유자재로 넘나들다가 '사랑의 불꽃'으로 가장 아름답고 화려하게 피어난 시집이라고 할 수가 있다.

이메일 : joohee1028@hanmail.net

남주희 시집

꽃잎 호텔

발　행 2013년 12월 16일
지은이 남주희
펴낸이 반송림
편집디자인 김지호
펴낸곳 도서출판 지혜
계간시전문지 애지
기획위원 반경환 이형권 황정산
주　소 300-812 대전광역시 동구 삼성1동 273-6
전　화 042-625-1140
팩　스 042-627-1140

전자우편 ejisarang@hanmail.net
애지카페 cafe.daum.net/ejiliterature

ISBN : 978-89-97386-78-9 03810
값 8,000원